EVA SCHATZ

Eva Schatz wurde als Deutsche in England geboren, lebt in der Schweiz und in New York. Ihre Berufe: Jura sowie Studium der evangelischen Theologie mit dem Schwerpunkt Kirchen- und Theologiegeschichte.

Webseite:

Literatur – Rezensionen Buchtipps

http://literatur-rezensionen-buchtipps.jimdo.com/

Pressemappe und Vita:

http://www.news4press.com/News/archiv.asp?ID=24942

Ich bedanke mich recht herzlich bei meiner Mentorin Jutta Schütz, dass sie mir dieses Buch ermöglicht hat und ich bewundere ihren Tatendrang und den Willen, etwas zu bewegen.

Orientalische Rezepte
Kulinarische Köstlichkeiten
aus 1001 Nacht

Text: © 2014 Jutta Schütz

Hören wir das Wort „Orient", verbinden wir es stark mit arabischen Ländern, orientalischem Essen und Tanz. Die orientalische Küche hat auch bei uns viele Anhänger gefunden. Das ist kein Wunder, schließlich sorgen die unterschiedlichen Gewürze und Geschmacksrichtungen für ordentliche Abwechslung auf dem Speiseplan.

❖ Wissenswertes über den Orient:
Der Orient zieht sich fast um den halben Globus und umfasst den Nordafrikanischen Raum, den Nahen Osten und den Mittleren Osten. Die drei Weltreligionen, Christen- und Judentum und der Islam haben ihre Ursprünge im Orient.

❖ Zu den orientalischen Ländern zählen:
Afghanistan, Algerien, Ägypten, Bahrain, Iran, Irak, Israel, Jemen, Jordanien, Katar, Kuwait, Libanon, Libyen, Marokko, Mauretanien, Oman, Pakistan, Palästina, Saudi-Arabien, Somalia, Syrien, Sudan, Tunesien, Türkei, Vereinigte Arabische Emirate.

❖ Mit ihren Gerüchen von:
Safran, Cayennepfeffer, Zimt, Kurkuma und Koriander ist die orientalische Küche ein wahres Feuerwerk für unsere Sinne. Es werden Mandeln, Feigen, Datteln, Pistazien und Hülsenfrüchte angebaut. Bohnen, Linsen, und Kichererbsen dienen als Grundnahrungsmittel. Die orientalische Küche ist einfach märchenhaft.

Feurige Gewürze, der Duft von orientalischen Gewürzen sowie geschmortes Fleisch und Gemüse zaubern einen Hauch von „1001 Nacht".

Die Erzählungen von 1001 Nacht sind weit mehr als nur Märchen für Kinder

Text: © 2014 Jutta Schütz

Die Geschichte von „Scheherazade" basiert auf einer alten persischen Märchensammlung mit dem Namen „Hezâr Afsâna, Tausend Mythen".

Das Märchen von 1001 Nacht ist eine Rahmengeschichte, in die Einzelerzählungen verwoben sind. Die Hauptfiguren sind die Geschichtenerzählerin Scheherazade, und der grausame König Schariyar.

Schariyar, der von seiner Frau mit einem schwarzen Sklaven betrogen wurde, fasst den Entschluss, sich nie wieder von einer Frau betrügen zu lassen. Aus diesem Grunde heiratet er jede Nacht eine Jungfrau seines Reiches, die er am nächsten Tag töten lässt.
Auch Scheherazade ist vom König zum Tode verurteilt worden.
Sie beginnt in der Nacht dem König eine Geschichte zu erzählen, deren Handlung im Morgengrauen abbricht.
Neugierig auf das Ende geworden, lässt der König sie am Leben und verschiebt die Hinrichtung.
Scheherazade wird dabei von ihrer Schwester Dinharazade unterstützt, die sich neue Geschichten ausdenkt.

Dieses Spiel wiederholt sich 1001 Nächte lang, bis der König ein Einsehen hat. In dieser Zeit gebärt Scheherazade dem König drei Kinder.
Am Ende ist der König von der Klugheit und Treue seiner Frau überzeugt und lässt sie am Leben.

© **2014 Autorin Eva Schatz**

http://literatur-rezensionen-buchtipps.jimdo.com/

© 2014 Herstellung und Verlag: BoD – Books on Demand, Norderstedt

© 2014 Buch-Idee, Umschlaggestaltung, Illustration, Satz:
Jutta Schütz
Webseite: http://www.jutta-schuetz-autorin.de/
E-Mail: info.jschuetz@googlemail.com

ISBN: 978-3-7357-5060-0

Bibliografische Information der Deutschen Nationalbibliothek:
Die Deutsche Nationalbibliothek verzeichnet diese Publikation in der Deutschen Nationalbibliografie; detaillierte bibliografische Daten sind im Internet über http://dnb.d-nb.de abrufbar.

Eva Schatz

Scheherazades Rezepte für Singles
Ein Hauch von 1001 Nacht

Inhaltsverzeichnis
Alle Rezepte für 1 Person

Im Glas backen

Low Carb können Sie auch im Glas backen!

© 2014 Jutta Schütz und Sabine Beuke

Die Glasgummis in einer Schüssel in heißes Wasser legen. Gläser (500 ml Fassungsvermögen) mit weicher Butter einpinseln.

Mit gemahlenen Mandeln ein bröseln. Die restlichen Brösel abklopfen. Den Rand der Gläser sehr gut säubern, sodass man sie nachher wieder verschließen kann.

Kuchenteig nur zur Hälfte ins Glas geben.

Die Gläser (Platz zwischen den Gläsern lassen) auf ein Backblech stellen.

Auf 180 Grad 35 – 40 Minuten backen.

Die Gläser bleiben beim Backen offen!

Gläser heraus nehmen und auf ein Holzbrett stellen.

Der Glasrand muss einwandfrei sauber sein beim Verschließen.

Gläser sofort mit dem nassen Gummi und Klammer verschließen.

Haltbarkeit zirka 4 Wochen.

Low Carb Kuchenrezepte entnehmen Sie bitte den Back- und Kochbüchern der Autorinnen „Jutta Schütz und Sabine Beuke".

Kürbissuppe mit Linsen und Kartoffeln

Zutaten:

- ➤ 150 g Hokkaido Kürbisfleisch
- ➤ 1 kleine Zwiebel
- ➤ 1 große Kartoffel (festkochend)
- ➤ 1 feste Birne
- ➤ 1 EL Kürbiskerne
- ➤ 80 g rote Linsen
- ➤ 3 EL frische Kräuter
- ➤ ½ Stiel Majoran
- ➤ 1 EL Zitronensaft
- ➤ 1 EL Birnendicksaft (Sirup)
- ➤ ½ L Gemüsebrühe
- ➤ 1 TL Salz
- ➤ ½ TL Chillipulver
- ➤ 2 Prisen Pfeffer
- ➤ 1 Prise Zimt
- ➤ ½ TL Currypulver
- ➤ ½ TL Paprikapulver (süß)
- ➤ 2 EL Olivenöl

Zubereitung:

Die Kürbiskerne mit 1 EL Olivenöl in der Pfanne leicht rösten und kalt werden lassen und zur Seite stellen.

Die Birne würfeln und in Zitronensaft wenden.

Kürbis entkernen und in zirka 1,5 cm große Würfel schneiden.

Die Zwiebel und Kartoffel schälen und ebenfalls in zirka 1,5 cm große Würfel schneiden.

Kürbis und die Zwiebel mit 2 EL Öl in der Pfanne glasig werden lassen.

Den Birnendicksaft hinzufügen und karamellisieren lassen. Die Brühe hinzugeben und aufkochen lassen.

Bei mittlerer Hitze zirka 7 Minuten kochen lassen.

Kartoffel, Linsen und Birne zugeben und weitere 10 Minuten bei mittlerer Hitze garen.

Den Majoran abzupfen und zusammen mit den Kräutern in die Pfanne geben und zirka 3 Minuten mit garen.

Mit den Gewürzen abschmecken und mit den Kürbiskernen servieren.

Nudelsalat mit Feigen und Datteln

Zutaten:

- ➢ 100 g Nudeln (Trockengewicht)
- ➢ 4 getrocknete Datteln
- ➢ 4 getrocknete Feigen
- ➢ 4 getrocknete Aprikosen
- ➢ ½ Bund Frühlingszwiebeln
- ➢ 2 Prisen Kreuzkümmel
- ➢ ½ TL Kurkuma
- ➢ ½ TL Currypulver
- ➢ 2 Prisen Chillipulver
- ➢ ½ TL Salz
- ➢ 1 EL Salz für das Nudelwasser
- ➢ 2 EL Mayonnaise
- ➢ 2 EL Naturjoghurt
- ➢ 2 EL Zitronensaft

Zubereitung:

Nudeln kochen, abschütten. Kalt abbrausen.

Frühlingszwiebel in kleine Ringe schneiden.

Die getrockneten Früchte in kleine Würfel schneiden.

Alles mit der Mayonnaise, dem Joghurt, den Gewürzen und dem Zitronensaft mischen.

Den Salat im Kühlschrank 4 – 5 Stunden ziehen lassen.

Minze-Nudeln mit Crème fraîche

Zutaten:

- 100 g Nudeln (Trockengewicht)
- 1 große Möhre
- 1 Zwiebel
- 2 Knoblauchzehen
- 1 Zucchini
- 3 EL flüssige Sahne
- 200 g Crème fraîche
- 1 Bund Minze (zirka 3 EL)
- 100 ml Orangensaft
- 2 EL Zitronensaft
- 1 TL Tomatenmark
- 1 Prise Kreuzkümmel
- ½ TL Currypulver
- ½ TL Paprikapulver (süß)
- 1 TL Salz für das Nudelwasser
- 4 EL Olivenöl

Zubereitung:

Nudeln nach Packungsanweisung kochen.

Zwiebel schälen und klein würfeln.

Möhren putzen und in dicke Scheiben schneiden.

Zucchini längs halbieren, in mundgerechte Stücke schneiden.

Mit 2 EL Olivenöl zirka 4 Minuten scharf anbraten und mit Salz und Pfeffer würzen.

In einer Schüssel aufbewahren.

Knoblauch pressen. Eine sehr große hohe Pfanne heiß werden lassen, 2 EL Olivenöl hinzu geben und die Möhrenstücke zirka 8 Minuten anbraten.

Tomatenmark und den gepressten Knoblauch unterrühren und die Gewürze hinzu geben.

Zucchini und die abgetropften garen Nudeln zufügen und zirka 5 Minuten bei schwacher Hitze ziehen lassen.

Minze klein hacken und unterheben.

Crème fraîche und Orangensaft verrühren.

Zum Schluss die Sahne über die Nudeln geben.

Tomatensalat mit Joghurt und Sesam

Zutaten:

- ➤ 2 große Fleischtomaten
- ➤ 1 kleines Glas schwarze Oliven (entsteint)
- ➤ 2 hart gekochte Eier
- ➤ ½ Zwiebel
- ➤ ½ Bund Kräuter
- ➤ 150 g Natur-Joghurt
- ➤ 1 EL Sesam
- ➤ ½ TL Sambal Oelek (Chilipaste)
- ➤ 2 EL Zitronensaft
- ➤ 1 TL Zucker
- ➤ 1 Prise Kreuzkümmel
- ➤ ½ TL Currypulver
- ➤ ½ TL Knoblauchpulver
- ➤ ½ TL Paprikapulver
- ➤ ½ TL Salz
- ➤ 2 Prisen Pfeffer
- ➤ 1 EL Olivenöl

Zubereitung:

Tomaten waschen, den Strunk entfernen und in nicht zu kleine Stücke schneiden.

2 Eier hart kochen lassen (7 Minuten).

Zu den Tomaten geben.

Für das Dressing:

Den Zitronensaft mit dem Joghurt, dem Olivenöl und den Gewürzen (ohne die Kräuter) verrühren.

Die Sesamsaat in einer Pfanne ohne Fett bei mittlerer Hitze einige Minuten goldbraun anrösten.

Die Sesamkörner zu der Joghurtmischung geben.

Oliven abschütten und dazu geben.

Die Tomaten mit dem Dressing und den gehackten Kräutern vorsichtig mischen.

Mit Fladenbrot servieren.

Orientalischer Bananentopf mit Reis

Zutaten:

- ➢ 2 kleine Möhren
- ➢ 100 g Basmati-Reis (trocken Gewicht – oder 1 Beutel Reis)
- ➢ 1 kleine Zwiebel
- ➢ 2 Bananen
- ➢ 2 EL gehackte Mandeln
- ➢ 1 TL Tomatenmark
- ➢ 250 ml Fleischbrühe
- ➢ 150 ml flüssige Sahne
- ➢ 1 EL Zitronensaft
- ➢ ½ TL Salz
- ➢ 2 TL Salz für das Reiswasser
- ➢ 1 TL Currypulver
- ➢ 2 Prisen Pfeffer
- ➢ 3 EL Olivenöl

Zubereitung:

Die Möhren in Scheiben schneiden und in der heißen Pfanne mit dem Olivenöl zirka 4 Minuten anbraten.

Zwiebel in kleine Würfel schneiden und zugeben.

Mit der Fleischbrühe ablöschen.

Bananen in Scheiben schneiden dazu geben.

Die gehackten Mandeln, den Zitronensaft und das Tomatenmark ebenso dazu geben.

Sahne und die Gewürze einrühren.

Auf kleiner Flamme zirka 15 Minuten köcheln lassen.

In der Zwischenzeit den Reis zirka 15 Minuten kochen.

Die Bananen/Möhren-Masse über den Reis geben.

Zimt-Kartoffeln mit Aubergine

Zutaten:

- ➤ 1 Aubergine
- ➤ 2 - 3 Kartoffeln
- ➤ 1 Tomate
- ➤ 1 kleine Chilischote
- ➤ 1 kleine Zwiebel
- ➤ 2 Knoblauchzehen
- ➤ 200 ml Gemüsebrühe
- ➤ 2 EL Zitronensaft
- ➤ 1 TL Tomatenmark
- ➤ 2 Prisen Kreuzkümmel
- ➤ ½ TL Zimt
- ➤ 1 TL Zucker
- ➤ ½ TL Salz
- ➤ 2 Prisen Pfeffer
- ➤ 2 EL Olivenöl

Zubereitung:

Knoblauch und die Zwiebel schälen, klein hacken.

Pfanne heiß werden lassen und das Olivenöl hinzu geben.

Zwiebel in die Pfanne geben und kurz anschwitzen.

Tomate in feine Würfel schneiden.

Zu den Zwiebeln geben und kurz mitbraten.

Aubergine und die Kartoffeln schälen, waschen und klein würfeln.

Chilischote längs aufschneiden, Kerne und weiße Häutchen entfernen und in feine Streifen schneiden.

Das Gemüse und die Kartoffeln mit dem Chili und dem Knoblauch hinzufügen und mit der Gemüsebrühe angießen.

Tomatenmark unterrühren.

Zimt, Kreuzkümmel, Salz, Pfeffer, Zitronensaft und Zucker zugeben.

Bei geschlossenem Deckel und mittlerer Hitze zirka 35 Minuten schmoren lassen.

Orientalische Tofu-Pastete

Zutaten:

- ➢ 150 g Tofu
- ➢ 250 g Filo-Teig
- ➢ 200 g Blattspinat (TK)
- ➢ 1 kleine Zwiebel (gewürfelt)
- ➢ ½ Bund Kräuter
- ➢ 1 Ei
- ➢ 50 g Butter und 2 EL Butter für die Form
- ➢ 100 ml flüssige Sahne
- ➢ 1 EL Zitronensaft
- ➢ ½ TL Salz
- ➢ 2 Prisen Chillipulver
- ➢ 2 Prisen Knoblauchpulver
- ➢ 2 Prisen Pfeffer

Tipp:

Der Filoteig ist in guten türkischen Geschäften fertig erhältlich, kann aber notfalls auch durch drei Lagen Blätterteig ersetzt werden.

Zubereitung:

Den Spinat auftauen, ausdrücken und grob hacken.

Den Tofu in kleine Würfel schneiden und mit der Zwiebel, Spinat und Kräutern mischen. Mit Salz und Pfeffer abschmecken. Die Butter zart schmelzen. Das Ei mit der Sahne mischen und die flüssige Butter unterrühren.

Den Filoteig in die einzelnen Blätter teilen.

Eine gefettete Kastenform mit dem ersten Filo-Blatt auslegen, dabei den Teig über den Rand der Form hängen lassen. Dieses mit einem Teil der Eier-Butter-Sahne bestreichen. So lange mit dem Teig weiter verfahren, bis alle Blätter in der Form sind. Nun die Spinat-Tofu-Mischung einfüllen.

Die Füllung mit dem überhängenden Teig bedecken und mit der restlichen Eier-Butter-Sahne bestreichen.

Die Form in den Backofen stellen und bei 180 Grad zirka 30 Minuten backen.

Kichererbsensuppe mit Chiliflocken

Zutaten:

- ➢ 1 kleine Dose Kichererbsen (zirka 300 g)
- ➢ 1 kleine Zwiebel (hacken)
- ➢ 1 Tomate
- ➢ 250 g Naturjoghurt (2 – 4 EL aufheben)
- ➢ 500 ml Gemüsebrühe
- ➢ 1 EL Zitronensaft
- ➢ 1 EL Kräuter
- ➢ 1 TL Chiliflocken (getrocknet)
- ➢ ½ TL Paprikapulver (süß)
- ➢ ½ TL Currypulver
- ➢ ½ TL Kreuzkümmel
- ➢ ½ TL Salz
- ➢ 2 Prisen Pfeffer
- ➢ 2 EL Olivenöl

Zubereitung:

Kichererbsen in einem Sieb abtropfen lassen.

Die Zwiebel in der Pfanne mit dem Olivenöl zart anbraten.

Curry- und Paprikapulver, sowie Kreuzkümmel kurz mitbraten und die abgetropften Kichererbsen dazugeben

Mit der Gemüsebrühe aufgießen, aufkochen lassen und die Tomatenwürfel zufügen.

Zirka 10 Minuten kochen und die Pfanne vom Herd nehmen.

Mit den restlichen Gewürzen (siehe Zutaten) und dem Zitronensaft würzen.

Das Ganze grob pürieren und auf dem Teller mit den Kräutern und dem Joghurt garnieren.

Joghurt-Nudeln mit Hackfleisch

Zutaten:

- ➢ 100 g Nudeln (Trockengewicht)
- ➢ 250 g Rinderhackfleisch
- ➢ 1 kleine Zwiebel
- ➢ 1 Knoblauchzehe
- ➢ 1 Zucchini
- ➢ 200 g Natur-Joghurt
- ➢ ½ Bund Minze
- ➢ 2 EL Zitronensaft
- ➢ 1 TL Tomatenmark
- ➢ 1 Prise Kreuzkümmel
- ➢ ½ TL Currypulver
- ➢ ½ TL Paprikapulver (süß)
- ➢ 1 EL Salz für das Nudelwasser
- ➢ ½ TL Salz
- ➢ 2 Prisen Pfeffer
- ➢ 3 EL Olivenöl
- ➢ Wasser zum Kochen der Nudeln

Zubereitung:

Nudeln nach Packungsanweisung kochen.

Zwiebel schälen und klein würfeln.

Zucchini längs halbieren, in mundgerechte Stücke schneiden.

Mit 2 EL Olivenöl zirka 3 Minuten scharf anbraten und mit Salz und Pfeffer würzen.

In einer Schüssel aufbewahren.

Knoblauch pressen. Eine sehr große hohe Pfanne heiß werden lassen, 2 EL Olivenöl hinzu geben und das Hackfleisch zirka 10 Minuten stark anbraten.

Tomatenmark und den gepressten Knoblauch unterrühren.

Zucchini und die abgetropften garen Nudeln zufügen und zirka 5 Minuten bei schwacher Hitze ziehen lassen.

Minze waschen und grob hacken.

Joghurt und Zitronensaft verrühren und mit den Gewürzen abschmecken.

Zum Schluss den Joghurt über die Hackfleischnudeln geben.

Auflauf mit Hackfleisch und Reis

Zutaten:

- ➢ 250 g Rinderhackfleisch
- ➢ 1 Beutel Reis
- ➢ 1 kleine Zwiebel
- ➢ 2 Knoblauchzehen
- ➢ 1 Dose Tomatenstücke (zirka 350 g)
- ➢ 100 g geriebener Käse
- ➢ 200 ml flüssige Sahne
- ➢ 2 EL Zitronensaft
- ➢ 250 ml Gemüsebrühe
- ➢ ½ TL Salz
- ➢ 2 Prisen Pfeffer
- ➢ 1 TL Paprikapulver
- ➢ ½ TL Thymian
- ➢ 2 Prisen Zimt
- ➢ 3 EL Olivenöl

Zubereitung:

Reis in Salzwasser fast gar kochen (zirka 14 Minuten).

Knoblauch und Zwiebel hacken.

Hackfleisch im Öl anbraten.

Knoblauch und Zwiebel zufügen.

Mit der Sahne angießen und etwas einkochen lassen.

Tomaten zugeben und mit Zitronensaft, Salz, Pfeffer, Paprika, Thymian und Zimt würzen.

Den Reis mit der Hackfleischsoße und der Gemüsebrühe mischen und in eine Auflaufform füllen.

Mit dem Käse bestreuen.

Die Auflaufform im Backofen bei 180 Grad zirka 35 Minuten backen.

Hackbraten mit Whisky

Zutaten:

- 300 g Rinder-Hackfleisch
- 4 getrocknete Aprikosen
- 1 kleine Zwiebel
- 2 Knoblauchzehen
- 2 EL Cashewnüsse
- 1 EL Semmelbrösel
- 2 Eier
- 4 EL Whisky
- 2 Prisen Ingwerpulver
- 2 EL Honig
- 1 kleine rote Chilischote (fein gehackt)
- 2 Prisen Zimt
- ½ TL Salz
- 2 Prisen Pfeffer
- 2 EL Olivenöl zum Bestreichen
- 50 ml warmes Wasser

Zubereitung:

Aprikosen in Spalten schneiden.

Den Whisky mit 50 ml warmem Wasser verrühren, Aprikosen darin marinieren.

Zwiebel schälen und in Würfel schneiden.

Nüsse in einer Pfanne ohne Fett rösten, abkühlen lassen und fein hacken.

Semmelbrösel mit Chili, Zwiebel, Knoblauch, Aprikosenwürfeln, Nüssen und den Eiern unter das Hackfleisch kneten.

Mit Zimt, Ingwer, Salz und Pfeffer würzen.

Aus der Masse eine runde Kugel formen, in einen geölten Bräter legen und mit dem Olivenöl einpinseln.

Mit den Aprikosenspalten dekorativ belegen.

Im Backofen bei 180 Grad zirka 45 Minuten backen.

Den Braten dann mit Honig bepinseln.

Rindfleisch in Kokosmilch

Zutaten:

- ➢ Zirka 350 g Rindfleisch
- ➢ 1 rote Paprika
- ➢ 1 Knoblauchzehe
- ➢ 1 TL Tomatenmark
- ➢ 1 EL Ananassaft
- ➢ 2 EL Zitronensaft
- ➢ 150 ml Kokosmilch (Dose)
- ➢ 1 TL Kokosflocken
- ➢ ½ TL Currypulver
- ➢ ½ TL Salz
- ➢ 2 Prisen Pfeffer
- ➢ 3 EL Olivenöl

Zubereitung:

Rindfleisch waschen, trocken tupfen und in mundgerechte Stücke schneiden.

Paprika schälen, Kerngehäuse entfernen und in Würfel schneiden. Knoblauchzehe schälen und fein hacken.

Olivenöl in einer Pfanne erhitzen.

Fleisch zufügen und scharf anbraten.

Paprika, Knoblauch und Tomatenmark zufügen und mit anbraten.

Kokosmilch und Ananassaft zufügen, aufkochen lassen und bei schwacher Hitze 8 Minuten ziehen lassen.

Kokosflocken unterheben und mit Currypulver, Salz und Pfeffer abschmecken.

Rinderfilets in Ananas-Curry

Zutaten:

- ➢ 1 – 2 Rinderfilets à 2 – 3 cm dick
- ➢ 1 kleine Zwiebel
- ➢ 1 kleine Lauchstange
- ➢ 1 kleine Möhre
- ➢ 100 ml flüssige Sahne
- ➢ 1 EL Zitronensaft
- ➢ 1 EL Crème fraîche
- ➢ 4 EL Ananasstücke
- ➢ 3 EL Olivenöl
- ➢ ½ TL süßer Senf
- ➢ ½ TL Honig
- ➢ 1 TL Currypulver
- ➢ ½ TL Paprikapulver (scharf)
- ➢ ½ TL Salz
- ➢ 2 Prisen Pfeffer
- ➢ Alufolie

Zubereitung:

Rinderfilets zirka 1 Stunde vor dem Zubereiten aus dem Kühlschrank nehmen, waschen und trocken tupfen.

Zwiebel, Lauch, Möhre schälen und fein hacken.

Olivenöl in einer Pfanne erhitzen.

Rinderfilets zufügen und bei starker Hitze von beiden Seiten zirka 2 Minuten scharf anbraten.

Fleisch herausnehmen, in Alufolie wickeln und zirka 8 Minuten im Backofen bei 120 Grad ziehen lassen.

Darauf achten, dass das Fleisch innen zartrosa bleibt.

Ananasstücke, Zwiebel, Lauch und Möhre in den Bratensud geben und anbraten.

Sahne, Zitronensaft und Crème fraîche zufügen, aufkochen lassen und mit Honig, Senf, Pfeffer und Currypulver abschmecken.

Das Fleisch aus dem Backofen nehmen, zirka 5 Minuten ruhen lassen, etwas salzen und aufschneiden.

Rinderfilets auf einem Teller anrichten und mit der Ananas-Curry-Soße beträufeln.

Okra mit Hackfleisch

Zutaten:

- ➤ 250 g Hackfleisch
- ➤ ½ TL Salz *(für das Hackfleisch)*
- ➤ 2 Prisen Pfeffer *(für das Hackfleisch)*
- ➤ 1 TL Currypulver *(für das Hackfleisch)*
- ➤ Zirka 450 g Okra
- ➤ 1 Zwiebel
- ➤ 1 Knoblauchzehe
- ➤ 1 Tomate
- ➤ ½ TL Kreuzkümmel
- ➤ ½ TL Koriander
- ➤ 1 EL frische Kräuter
- ➤ ½ TL Fenchelsamen (gemahlen)
- ➤ ½ TL Cayennepfeffer
- ➤ ½ TL Kurkuma
- ➤ ½ TL Salz
- ➤ 4 EL Öl
- ➤ 200 ml Fleischbrühe

Zubereitung:

Pfanne heiß werden lassen und mit 2 EL Olivenöl mit dem Hackfleisch zirka 10 Minuten krümelig braten.

Salz, Pfeffer und Currypulver hinzu geben. Pfanne zur Seite stellen und warm halten.

In die 2. heiße Pfanne 2 EL Olivenöl hinein geben und eine Schicht Okra hinein geben.

3 – 4 Minuten von allen Seiten anbraten und aus der Pfanne nehmen. Schicht für Schicht braten.

Zwiebel in die Pfanne geben, anbraten und den Knoblauch und die restlichen Gewürze hinzu geben.

Zum Schluss die Tomaten.

Die Fleischbrühe dazu geben und zirka 20 Minuten auf kleiner Flamme mit geschlossenem Deckel schmoren.

Auf dem Teller anrichten und das Hackfleisch darüber geben.

Mango-Zucchini Salat

Zutaten:

- ➢ 2 kleine Zucchini
- ➢ 2 reife Mango
- ➢ 2 EL Ananasstücke aus der Dose
- ➢ 2 EL Nüsse
- ➢ 2 EL Sojasoße
- ➢ 1 Prise Zimt
- ➢ 1 EL Zitronensaft
- ➢ 2 EL Ananassaft aus der Dose
- ➢ ½ TL Chillipulver
- ➢ ½ TL Salz
- ➢ 2 Prisen Pfeffer
- ➢ ½ TL Curry
- ➢ 1 EL Olivenöl

Zubereitung:

Zucchini waschen und fein raspeln.

Mangos schälen und vierteln.

Ein Viertel in feinste Streifen schneiden.

Aus den anderen Vierteln den Saft auspressen.

Die Sojasoße mit dem Olivenöl, Mangosaft, Zitronensaft und Ananassaft verrühren und mit den Gewürzen abschmecken.

Nüsse klein hacken.

Die gehackten Nüsse darüber streuen.

Orientalisches Dattelhühnchen

Zutaten:

- ➢ 2 kleine Putenfiletstücke
- ➢ 1 Beutel Reis
- ➢ 1 kleine Zwiebel
- ➢ 1 rote Paprika
- ➢ 200 ml Hühnerbrühe
- ➢ 100 ml Naturjoghurt
- ➢ 3 EL flüssige Sahne
- ➢ 2 EL Zitronensaft
- ➢ 1 TL Speisestärke
- ➢ 8 getrocknete Datteln
- ➢ 2 EL Mandelblättchen
- ➢ 1 TL Currypulver
- ➢ ½ TL Salz plus 1 EL Salz für das Kochwasser
- ➢ 2 Priesen Pfeffer
- ➢ ½ TL Chillipulver
- ➢ 3 EL Olivenöl

Zubereitung:

Zwiebel in kleine Würfel schneiden.

Paprika in dünne Streifen schneiden.

Reis nach Vorschrift kochen (zirka 15 Minuten).

Datteln entsteinen und vierteln.

Putenfilets mit Salz, Pfeffer und Curry würzen.

Mandelblättchen ohne Fett leicht anrösten und beiseite Stellen.

Pfanne heiß werden lassen und das Fleisch mit dem Olivenöl auf beiden Seiten scharf anbraten (jede Seite zirka 2 Minuten), aus der Pfanne nehmen und warm stellen.

In der gleichen Pfanne die Zwiebel, den Paprika kurz anbraten und mit der Hühnerbrühe aufgießen.

Das Fleisch zu der Brühe geben und zusammen zirka 15 Minuten zugedeckt schmoren lassen.

Das Fleisch wieder aus der Soße nehmen und warm stellen.

Die Soße in einen hohen Mixerbecher füllen, Joghurt, Sahne und Zitronensaft durchmixen.

Die Soße in die Pfanne geben, Fleisch, Datteln, Gewürze und die Speisestärke dazu geben.

Den Reis auf den Teller geben und die Fleischmasse darüber gießen und mit den Mandelblättchen bestreuen.

Orientalisches Wurstgulasch

Zutaten:

- ➢ 2 Rinderwürste
- ➢ 2 kleine Kartoffeln
- ➢ 1 Zucchini
- ➢ 1 rote Paprika
- ➢ 1 gelbe Paprika
- ➢ 1 kleine Zwiebel
- ➢ 1 Knoblauchzehe
- ➢ 1 Dose Tomaten (gehackt)
- ➢ 1 Stange Lauchzwiebel
- ➢ 200 ml flüssige Sahne
- ➢ 2 EL Joghurt
- ➢ ½ TL Chilli
- ➢ 1 TL gemahlener schwarzer Sesam
- ➢ ½ TL Currypulver
- ➢ 2 Prisen Pfeffer
- ➢ ½ TL Salz und 1 EL für das Kartoffelwasser
- ➢ ½ TL Kreuzkümmel
- ➢ 2 EL Olivenöl

Zubereitung:

Kartoffeln waschen und in kleine Würfel schneiden.

Im Salzwasser 20 Minuten garen und warm stellen.

Tomaten im Sieb abschütten.

Die Wurst in Scheiben schneiden.

Zucchini und Paprikas in dünne Streifen schneiden.

Lauchzwiebel in dünne Ringe schneiden.

Zwiebel und Knoblauch sehr klein würfeln.

Wurst, Lauchzwiebelringe, Zwiebel Zucchini und Paprikas im Öl anbraten. Zirka für 5 Minuten köcheln lassen.

Die Kartoffeln, Tomaten, Sahne, Joghurt und die Gewürze dazu geben.

Kalbsschnitzel mit Zitronengras

Zutaten:

- ➤ 2 kleine Kalbsschnitzel
- ➤ 2 Eier
- ➤ 5 EL Semmelbrösel
- ➤ 2 EL Zitronengras
- ➤ ½ TL Salz
- ➤ ½ TL Pfeffer
- ➤ ½ TL Chillipulver
- ➤ ½ TL Knoblauchpulver
- ➤ ½ TL Curry
- ➤ ½ TL Paprikapulver (süß)
- ➤ ½ TL Knoblauchpulver
- ➤ 4 EL Olivenöl

Zubereitung:

Als erstes das untere Ende des Zitronengras dünn abschneiden und die harten Außenblätter entfernen. Sehr klein Ringe schneiden.

(Sie sollten 2 EL Zitronengras in die Eimasse geben.)

Stellen Sie zwei Schüsseln bereit. In die eine Schüssel geben Sie die Semmelbrösel.

In die andere Schüssel geben Sie die Eier und die Gewürze und schlagen mit einer Gabel oder einem Schneebesen die Eimasse schaumig.

Die kleinen Schnitzel zuerst in die Eimasse geben und dann mit den Semmelbröseln panieren.

Eine Pfanne heiß werden lassen und das Öl hinzu geben.

Die Schnitzel vorsichtig in die Pfanne legen.

Auf mittlerer Stufe die Schnitzel auf jeder Seite zirka 4 Minuten braten. Vorsichtig wenden.

Nehmen Sie einen großen Teller und belegen Sie ihn mit Haushaltspapier. Diese Papiertücher (von der Rolle) saugen viel Fett auf. Darauf geben Sie die fertigen Schnitzel.

Dazu schmeckt jede Beilage.

Pfeffer-Steak mit Kornblumenblütenblättern

Rezept Widmung für Jürgen Drews

von © 2014 Jutta Schütz

Mit freundlicher Genehmigung von Jutta Schütz (Für 2 Personen)

Zutaten:

➢ Feld- oder Löwenzahnsalat

➢ 250 g Feldsalat (oder Löwenzahnsalat)

➢ 250 g Cocktailtomaten

➢ ½ kleine Zwiebel

➢ 2 Knoblauchzehen

➢ 1 EL Olivenöl

➢ ½ TL frischen Rosmarin

Zutaten für das Dressing:

➢ 2 EL Zitronensaft

➢ 7 EL Orangensaft

➢ 1 EL Honig

➢ 2 EL Balsamico Essig

➢ 7 EL Olivenöl

➢ 4 EL Schmand

➢ ½ TL Salz, 1 Prise Pfeffer

Zutaten für die Garnitur:

2 Hand voll Kornblumenblütenblätter (Nehmen Sie nur die vom Kelch gezupften Zungenblüten - Die Blüten der Kornblume sind essbar und ergeben somit einen dekorativen Farbtupfer im Salat.)

Zubereitung: Den Feldsalat (oder Löwenzahnsalat) putzen, waschen und auf den Tellern anrichten.

Die Tomaten halbieren oder vierteln, je nach Größe und auf dem Salat verteilen.

Für das Dressing alle Zutaten verrühren, damit sich der Schmand und der Honig miteinander verbinden.

Mit Salz und Pfeffer abschmecken und über den Salat geben.

Erst zum Schluss die Kornblumenblütenblätter darauf legen.

Zutaten für das Filetsteaks mit Pfeffersoße:

- ➤ 2 Rinder-Filetsteaks (à 250 g)
- ➤ 150 ml Fleischbrühe
- ➤ 4 EL Crème Fraîche
- ➤ 1 TL Butter
- ➤ 1 EL eingelegter grüner Pfeffer
- ➤ 2 EL Olivenöl
- ➤ 2 EL Cognac
- ➤ ½ TL Salz

Zubereitung:

Die Steaks 30 Minuten vor der Zubereitung aus dem Kühlschrank nehmen.

Die Steaks abbrausen und mit Küchenkrepp trocken tupfen.

Das Fleisch NICHT würzen!

Die Pfanne sehr heiß werden lassen. Das Öl hinzu geben, und die Steaks in der Pfanne bei starker Hitze von beiden Seiten zirka 1 Minute anbraten. Nun die Butter dazu geben.

Zum Wenden KEINE Gabel benutzen, damit das Fleisch nicht verletzt wird. Die Temperatur auf mittlere Hitze herunterregeln und die Butter hinzugeben.

2 Minuten braten pro Seite für ein blutiges Steak.

3 Minuten braten pro Seite für ein rosa Steak.

5 Minuten braten pro Seite für ein durchgebratenes Steak.

Nach dem Braten die Steaks aus der Pfanne nehmen und in Alufolie einwickeln. Den Bratensatz mit Fleischbrühe ablöschen und Crème fraîche unterrühren.

Grüne Pfefferkörner leicht zerdrücken und zur Soße geben. Mit dem Cognac und dem Salz würzen und aufkochen lassen.

Die Steaks auf vorgewärmten Tellern anrichten und die Soße darüber geben.

Kornblumenblütenblätter Likör

Mit freundlicher Genehmigung von Jutta Schütz (Für 2 Personen)

Zutaten:

- ➢ 2 Handvoll Kornblumenblütenblätter
- ➢ Je nach gewünschter Süße: weißen Kandiszucker
- ➢ 1 Liter Doppelkorn (38%)

Zubereitung:

An den Kornblumen die Blüten abzupfen, waschen und trocken tupfen. In ein sauberes und verschließbares Glas füllen, Kandiszucker zufügen und mit Doppelkorn auffüllen.

Das Glas schließen und gut schütteln.

Der Likör muss 8 Wochen ruhen und zwischendurch immer wieder schütteln.

Nach der Ruhezeit wird der Likör ab gefiltert. Während der Ruhezeit verlieren die Blütenblätter ihre blaue Farbe, der Likör bekommt eine bernsteinartige Farbe.

Infos: Die in den Kornblumenblüten enthaltenen blauen Farbstoffe (Anthocyane) sowie Flavonoide sind heute als gesundheitsfördernde bioaktive Substanzen bekannt.

Die Kornblumen gibt es auch in den Blütenfarben: weiß, rosa, rot, violett sowie gefüllt blühende Sorten.

Erdbeereis (ohne Zucker)

Mit freundlicher Genehmigung von Jutta Schütz (Für 2 Personen)

Zutaten:

- ➢ 300 g frische Erdbeeren
- ➢ 225 g Joghurt
- ➢ 1 - 2 EL flüssige Sahne
- ➢ ½ Fläschchen Vanillebackaroma

Zubereitung:

Erdbeeren waschen, in einem Sieb abtropfen lassen und dann pürieren. Erdbeerpüree mit den restlichen Zutaten vermischen, in Dessertgläser füllen und im Gefrierschrank 4 - 5 Stunden fest werden lassen.

Tipp: Anstatt Erdbeeren können Sie auch andere Beeren nehmen. Wenn Sie keine Vanilleschote haben, nehmen Sie ein paar Tropfen Vanillearoma.

Infos: Chili, Pfeffer und andere scharfe Gewürze verschaffen uns eine Portion Glückshormone und haben damit eine entspannende Wirkung auf unseren Körper. Süßigkeiten gelten allerdings nach wie vor als ungesund (Die Rezepte aus dem Buch sind alle auch für Diabetiker geeignet).

Buchdaten: Low Carb Sweet & Hot

Autorin: Jutta Schütz - Verlag: A.S. Rosengarten-Verlag

ISBN-10: 398161657X und ISBN-13: 9783981616576

Schokoladenverführung mit Chilli

Zutaten:

- ➢ 100 g Vollmilchschokolade
- ➢ 120 g Zartbitterschokolade
- ➢ 2 EL gehackte Pistazien
- ➢ 1 EL gehackte Haselnüsse
- ➢ 200 g Crème fraîche
- ➢ 1 TL Chillipulver
- ➢ 2 Eiweiß
- ➢ 100 g Zucker
- ➢ 1 TL Vanillezucker

Zubereitung:

Die Schokolade über dem Wasserdampf schmelzen lassen.

Eiweiß unter Zugabe der Hälfte des Zuckers steif schlagen.

Crème fraîche, restlicher Zucker, Vanillezucker, Chillipulver und aufgelöste Schokolade gut miteinander verrühren und vorsichtig unter das Eiweiß heben.

In Gläser einfüllen und mindestens 2 Stunden im Kühlschrank fest werden lassen.

Vor dem Servieren die Sahne steif schlagen, in einen Spritzbeutel füllen und jeweils einen Klecks auf die Schokolade geben.

Mit gehackten Pistazien und Haselnüssen garniert servieren

Bananen-Mascarpone

Zutaten:

- ➢ 1 und ½ Bananen
- ➢ 100 g Vollmilchschokolade
- ➢ 150 g Mascarpone
- ➢ 70 ml Sahne
- ➢ 1 TL Zitronensaft
- ➢ 1 EL Zucker
- ➢ 2 TL Vanillezucker
- ➢ 1 Prise Chillipulver
- ➢ 1 Prise Zimt

Zubereitung:

Die Vollmilchschokolade über Wasserdampf schmelzen lassen. Mascarpone mit Vanillezucker, Zitronensaft, Zucker und den Gewürzen cremig rühren.

Sahne steif schlagen und unter die Mascarpone heben.

Die Bananen schälen und in Scheiben schneiden.

Schichtweise in ein Glas füllen. Zuerst Mascarponecreme, danach Bananenscheiben und darauf die geschmolzene Schokolade.

Alles wiederholen, bis die Zutaten aufgebraucht sind.

Den Abschluss sollte die Schokolade bilden.

Im Kühlschrank zirka 2 – 3 Stunden fest werden lassen.

BUCHEMPFEHLUNGEN: Ratgeber

Low Carb Spezial: Theorie und Praxis für Anfänger geeignet
ISBN: 978-3-9450-15094 - Jutta Schütz - Verlag: A.S. Rosengarten-Verlag
Buchbeschreibung: Am Anfang einer jeden Ernährungsumstellung ist es nicht einfach zu wissen, was man essen darf und wie eine Umstellung auf eine "Low Carb Ernährung" überhaupt umzusetzen ist. Fragen über Fragen, deren Antworten man im Internet schwer in kompakter Form finden kann. Lesen Sie in diesem Buch alles, was Sie über die Low Carb Ernährung wissen müssen. Im Anschluss der Theorie hat die Bestsellerautorin "Jutta Schütz" 200 abwechslungsreiche Low Carb Rezepte zusammengestellt.

Wohltaten für den Darm - Internationale Low Carb Rezepte
ISBN-13: 978-3945-015063 - Sabine Beuke - Verlag: A.S. Rosengarten-Verlag
Buchbeschreibung: Wer ständig unter Blähungen, Bauchkrämpfen und Durchfällen leidet, kann mit Hilfe einer kohlenhydratarmen Ernährung womöglich seine "Plagen" wieder loswerden. Die Autorin litt selbst jahrelang unter Verdauungsproblemen - die an einen Reizdarm erinnern - und kämpfte mit der Low Carb Ernährung erfolgreich gegen die Beschwerden an. In ihrer heimischen Küche kreiert und hantiert sie mit frischen Zutaten, kocht, probiert und testet alles selbst aus. Dadurch entstehen originelle, und internationale Rezepte, die nicht nur lecker schmecken, sondern auch als darmfreundlich gelten.

S E XUALITÄT: Positive Tipps bei chronischer Erkrankung – Heike Führ

Demnächst bei BoD - Verlag: Books on Demand GmbH, Norderstedt

Kaum ein Gebiet ist so intim, Scham –und Angstbesetzt, wie die eigene und die Paar-Sexualität. Und kaum etwas anderes in einer Beziehung macht uns so verletzlich. Dabei ist Sexualität eine wundervolle Möglichkeit, Nähe zum geliebten Partner herzustellen und zu halten, oder in schwierigen Lebensphasen nicht den „Kontakt" zueinander zu verlieren. Aber besonders wenn ein Paar mit der Diagnose einer chronischen Erkrankung, wie z. B. MS, konfrontiert wird, versteht man, wie wichtig es ist, sich gegenseitig zu begreifen. Hier hilft die Autorin mit Ratschlägen, die sie auf Grund vieler Recherchen und Interviews mit an „Multipler Sklerose" - Erkrankten führte. Aber auch für Singles hält die Autorin Vorschläge bereit!

http://multiple-arts.com/ --- http://heikef.jimdo.com/buch-tipps/

Low Carb: Für Berufstätige – Jutta Schütz

ISBN-13: 978-3732243280 - Verlag: Books on Demand GmbH, Norderstedt

Ein kluges Zeitmanagement und die richtige Lebensmittelauswahl machen es dennoch möglich, in einer Low Carb Ernährung für Berufstätige und Zuhause ruckzuck schmackhafte Mahlzeiten zuzubereiten. Ernährungsbewusste Arbeitnehmer kennen keine Leistungstiefs, sie halten sich fit mit der Low Carb Ernährung, einem abwechslungsreichen Speiseplan und viel Flüssigkeit. Ernährungsbewusste Arbeitnehmer kennen keine Leistungstiefs.

http://www.jutta-schuetz-autorin.de/

Große Buchreihe "SCHEHERAZADE"
Rezepte aus 1001 Nacht

Ein Autorenkreis widmet sich der orientalischen Kochkunst.

Eine fortlaufende Kochbuchserie mit dem Haupttitel „Scheherazade" - ein Hauch von 1001 Nacht - ist angelaufen. Viele verschiedene Autoren beteiligen sich nacheinander an diesem Großprojekt, die auf einer Idee von der bekannten Autorin Jutta Schütz basiert. In der Einleitung erzählt die Autorin Schütz (in jedem Buch zu finden) kurz die Geschichte von Scheherazade. Sie basiert auf einer alten persischen Märchensammlung mit dem Namen Hezâr Afsâna, Tausend Mythen. Anschließend kommen die Rezepte des Autors.

Jutta Schütz - ISBN: 978-3-735737519   Heike Führ - ISBN-978-3-735757340
http://www.jutta-schuetz-autorin.de/   http://multiple-arts.com/

Weitere Titel „in dieser Reihe demnächst bei BoD - Verlag: Books on Demand GmbH, Norderstedt

Beschreibung: siehe Webseite: http://www.jutta-schuetz-autorin.de/